Jan Michael *Hund & Herr* e.V.

75 Fotografien

Nieswand
Verlag

Für meine Mutter

Von allen Mensch-Tier-Beziehungen ist die Beziehung zwischen Mensch und Hund wohl die längste und sicherlich die vielseitigste und intensivste.

Sie ist von Nützlichkeitserwägungen ebenso geprägt wie von hoher Emotionalität.

Sie sieht den Hund in der Rolle des Jagdhelfers und Beschützers, des Arbeits-, Sport- und Spielkameraden, des Prestigeobjekts und der psychischen Krücke, des Begleiters und des Gefährten im Alter.

Sie läßt zwischen Herr und Hund Zuneigung und Vertrautsein, Geborgenheit und Harmonie ebenso erkennbar werden wie Unterdrückung oder die Ausbeutung einer affektiven Bindung.

So kann es nicht verwundern, daß es seit jeher Künstler gereizt hat, diese Beziehung auch bildlich darzustellen – zumeist mit erkennbarer Hingabe, nicht selten idealisierend oder romantisch verklärend, gelegentlich auch mit einem gut dosierten Schuß Ironie. Und fast immer war für die Darstellung der Hund-Mensch-Beziehung allein maßgebend, wie der Künstler das Verhältnis der Objekte seiner besonderen Zuwendung subjektiv sah.

Jan Michael ist einen ganz anderen Weg gegangen. Er hat auf großen internationalen Rassehundezuchtschauen, auf denen sich die – von ihren Ausstellern möglichst einfühlsam und standardgerecht vorgeführte – Elite der Rassehunde im oft stundenlangen Wettbewerb um Anwartschaften auf das Internationale Schönheitschampionat (CACIB) oder einen begehrten Siegertitel dem Urteil ausgewiesener Rassekenner stellt, mit sicherem Blick nach erfolgreichen Hunden mit ihren Ausstellern Ausschau gehalten. Er hat die in seinen Augen besonders typischen „Gespanne" aus Zwei- und Vierbeinern schließlich an seinen berühmten Tisch geholt, an dem sich das auserwählte Duo dann mit ihm als dem fotoporträtierenden Gegenüber auseinanderzusetzen hatte. Und genau dieser Moment der Auseinandersetzung, dieser Eigenanteil der gemeinsam Porträtierten an Jan Michaels klassischen Porträtstudien erlaubt dem Fotokünstler den erhofften Blick ins Innere des „Hund & Herr e.V.".

Dabei ist faszinierend zu sehen, wie aufschlußreich unterschiedlich sich die Porträtierten an Jan Michaels Tisch mit ihrem Gegenüber auseinandersetzen: Vom perfekten Gleichklang der Seelen und Reaktionen über die verschiedensten Formen unterschiedlichen Reagierens – wobei es bezeichnenderweise die Hunde sind, die sich nach einem harten Ausstellungstag nicht mehr sonderlich mit der gegenüberliegenden Seite des Tisches beschäftigen mögen – bis hin zu jenen „Pärchen", die trotz Kamera, nur ihre Beziehung pflegend, die Umwelt vergessen.

Professor Reinhold Bergler hat in seinem beachtenswerten Buch „Mensch und Hund" die Psychologie einer Beziehung untersucht – Jan Michael hat sie, selbst dort, wo er entlarvt, in einer faszinierend ästhetischen Form ins Bild gesetzt.

Dr. Wilfried Peper

Dr. Wilfried Peper, Präsident des Verbandes für das Deutsche Hundewesen von 1985 bis 1990.

Zur

Ursprünglich sollte dieses Vorwort von Othello vom Ruinengrund verfaßt werden, einem Deutschen Schäferhund und vierundzwanzigfachen Champion, der noch vor wenigen Wochen in einem bedeutenden Veteranen-Wettbewerb reussierte. (Warum die Senioren bei uns Hunden Veteranen heißen, ist mir nach wie vor unklar. Obwohl ich zugeben muß, daß altgediente Wettbewerbshunde oft etwas Soldatisches an sich haben.)

Die Toncassette mit Othellos Vorwort war eine rassentypische Fleißarbeit. Inhaltlich aber leider unbrauchbar.

Der alternde Rüde wollte die Gelegenheit für eine allgemeine Abrechnung nutzen, angefangen beim eigenen Besitzer bis hin zur Fédération Cynologique Internationale (FCI). Demnach ein wilder Rundumschlag, der bei den Betroffenen für erhebliche Unruhe gesorgt hätte.

Derart gewarnt, sah sich der Verlag nach einem jüngeren Ersatzautor einer weniger heiklen Rasse um. Dabei geriet er auf Empfehlung eines bekannten Premiumfutter-Produzenten an mich, Susi von der Klarermühle.

Als zweijährige Papillon-Hündin halten sich meine Kenntnisse des Vereins- und Ausstellungswesens in Grenzen. Ich kann also schwerlich Indiskretionen ausplaudern.

Und wenn doch, würde man mir das nachsehen. Wir Papillons sind in den Augen der großen Rassen eine züchterische Randerscheinung und werden gern als Damenhunde abgetan.

Dementsprechend haben wir das, was man in der menschlichen Gesellschaft Narrenfreiheit nennt. Uns Hunden ist dieser Begriff allerdings fremd, weil er in Wahrheit von mangelnder Toleranz ablenken soll.

Ich beginne meine Ausführungen mit einem größeren Dankeschön an die Adresse des Verlags. Und zwar für den Mut, diesem Buch einen Titel zu geben, der die wahren Machtverhältnisse in der Herr-Hund-Beziehung endlich einmal klar offenlegt: „Hund & Herr e.V.".

Zum besseren Verständnis für Außenstehende möchte ich an dieser Stelle auf eine biologische Tatsache hinweisen, die von vielen Hundebesitzern allzu gern verleugnet wird. Auch sie, die Menschen, sind Hunde. Jedoch unterscheiden sie sich von uns, den genetisch reinen Hunden, durch etliche Gebrechen. So sind sie infolge ihrer aufrechten Imponierhaltung unfähig, die Vorderläufe zur Fortbewegung einzusetzen.

Ihr Gebiß ist im Laufe der Jahrhunderte von 42 auf 32 Zähne verkümmert. Ihre Behaarung hat sich auf unwesentliche Körperteile zurückgezogen. Und ihr Bellen ist zu sogenannten Sprachen degeneriert, die es unmöglich machen, daß zum Beispiel Zuchtrichter ein und derselben Meinung sind.

Zudem besitzt der menschliche Hund (in der Folge kurz Mensch genannt) ein zwar großes, aber untüchtiges Gehirn. Für ihn bedauerlich, doch für uns von Vorteil: Nur so konnte ihm entgehen, wie er von uns mehr und mehr in die Rolle eines willfährigen Futterbeschaffers gedrängt wurde.

Allerdings muß ich zugeben, daß wir seine reduzierte Auffassungsgabe schamlos ausgenutzt haben. Indem wir ihm durch scheinbaren Gehorsam gefällig waren, vermittelten wir ihm ein Gefühl von Überlegenheit und Macht.

In Wahrheit wurde er uns untertan bis zur psychischen Abhängigkeit. Verweigern wir dem Menschen Gehorsam in einer Weise, die auf Krankheit schließen läßt, fällt er aus einem kurzen Wutausbruch in tiefe Verzweiflung.

Und lassen wir gar das Futter unberührt, berauben wir ihn des einzigen Druckmittels, das er gegen uns einsetzen kann. Schlimmer noch, wir kehren es um. Wenn wir – im Innern gierig, nach außen zögernd – zur Mahlzeit schreiten, ist seine Seele weich wie zweifach durchgedrehtes Freibank-Tartar.

Ich kenne einen Beagle, der die Futterverweigerung bis zum Psychoterror perfektionierte. Elvis of Hellwood Forest, so sein Name, war seit längerem der ausgedehnten Joggingausflüge überdrüssig, auf denen er seinen Herrn zu begleiten hatte. Also ließ er zunächst winzige, dann immer größere Futterreste im biologischen Hartholznapf zurück, für einen Beagle

eine gewaltige Willensanstrengung. Parallel dazu vergrößerte sich seine Unfähigkeit, dem Tempo des joggenden Ernährers zu folgen.

Weil dieser bei Elvis eine psychosomatische Störung vermutete (die auch von einem namhaften Veterinär gegen 200 Mark Honorar bestätigt wurde), verkürzte er seine Joggingläufe. Und zwar analog zur geringeren Futteraufnahme seines geschwächten Lieblings. Inzwischen ist das Joggen gänzlich gestrichen. Elvis hat die alten Freßgewohnheiten wieder aufgenommen und die vermeintliche Kurzatmigkeit ist vergessen: Hund und Herr haben beschlossen, dem herrschenden Schönheitsideal nicht länger nachzujagen, sondern rund und glücklich zu werden.

Keine Frage, der Hund ist der Herr. Und gerade wir, die kleinen Hunde, haben ein unerschöpfliches Repertoire an psychologischen Tricks, unsere Ernährer zu verunsichern und sie uns so gefügig zu machen.

Im Bekanntenkreis meiner Besitzerin gibt es Typen, die ich partout nicht ausstehen kann. Allen voran die Schleimer, die mich mit feuchten Händen wie ein menschliches Kind tätscheln wollen und dabei säuseln: „Ei, was bist du für ein liebes Hundchen."

Früher habe ich mich wie eine Furie aufgeführt und versucht, sie auszuknurren und zu verbellen. Mit dem Erfolg, daß man mir Hysterie und Ungehorsam nachsagte. Heute weiß ich es besser: Ich täusche panische Angst vor. Und wenn es die Situation erfordert, winsele ich dazu, als stünde der Leibhaftige vor mir.

Der Effekt ist klar: Ein Mensch, vor dem sich ein kleiner, grundguter Hund dermaßen fürchtet, kann nur ein ausgemachter Bösewicht sein. Folglich bleibt er mir in Zukunft erspart.

Die ersten, die erkannt haben, daß wir die Herren sind, waren die organisierten Hundebesitzer. Als im Zuge der Verstädterung von Hund und Mensch vor rund 100 Jahren die ersten Hundevereine gegründet wurden, nannten sie sich nicht „Club der Deutschen Doggenbesitzer" oder „Verein der Halter Deutscher Schäferhunde".

Sondern der Realität entsprechend „Deutscher Doggen-Club" oder „Verein für Deutsche Schäferhunde". Mithin eine klare Aussage zugunsten derer, die den Verein ausmachen und letztlich seine Geschicke bestimmen. (Ähnlich konsequent sind nur noch die Autofahrer, die sich zu Automobil-Clubs zusammengeschlossen haben – statt zu Autofahrer-Clubs.)

Die Ehrlichkeit bei der Wahl der Vereinsnamen (fast alle 159 Zuchtvereine in Deutschland lauten auf den Hund) widerspricht allerding dem Verhalten vieler Vereinsmitglieder.

Vor allem Besitzer von Hunden der gehobenen Mittelklasse (2.000 ccm Hubraum beim Auto entsprechen in etwa 60 cm Widerristhöhe beim Hund) mögen sich nach außen hin nur widerwillig ihren vierbeinigen Herren unterordnen.

Die Folge sind öffentliche Machtkämpfe, deren Verbissenheit sich allenfalls mit der menschlichen Frau-Mann-Beziehung in der Ehe vergleichen läßt. Ganz anders natürlich das Verhalten in den eigenen vier Wänden oder im heimischen Garten, wo die menschliche Unterwürfigkeit verborgen bleibt.

Trotzdem, das orientalische Gesellschaftsprinzip „Drinnen die Herrin, draußen die Sklavin" lassen wir nicht gelten. Wir wollen Anerkennung in allen Lebensbereichen.

Wird sie uns verwehrt, haben wir genügend Mittel und Wege, uns Genugtuung zu verschaffen – besonders als Rassehunde.

Es liegt in der Natur des Menschen, sich mit seinen Besitztümern zu schmücken. Und weil er für uns erhebliche Mittel aufwenden muß (die Ablösesumme für einen Papillon-Welpen beträgt bis zu 2.000 Mark), zählt er uns natürlich auch zu diesen.

Bedauerlicherweise werden Hunde im allgemeinen weniger bewundert als Sportwagen, Reitpferde oder Gemälde alter Meister. Also erfand der Mensch die Zuchtwettbewerbe, auf denen er seinen wertvollen Hundebesitz bestaunen und prämieren lassen kann.

Er übersieht allerdings, daß der Sieg in einem Wettbewerb nicht nur von unserer kynologischen Makellosigkeit und seinen guten Beziehungen zu den Zuchtrichtern abhängt. Mindestens ebenso wichtig ist die Ausstrahlung seines Hundes.

Und die können wir, wenn wir uns über unseren Besitzer geärgert haben und ihn bestrafen möchten, nach Belieben verändern. Ein Hund, der nicht gewinnen will, gewinnt nicht – und sei er noch so sorgfältig gefärbt, gefönt und gebürstet.

Schon nach meiner ersten Teilnahme an einem Wettbewerb (damals noch mit dem Ehrgeiz einer Novizin) wußte ich, wie man auftreten muß, um bei einem Zuchtrichter Gefallen zu finden.

Von uns Papillons wird ein kecker Devotismus erwartet, vergleichbar einem menschlichen Kind, das auf spielerische Weise ungezogen ist, ohne je die Gehorsamkeitsgrenze zu überschreiten.

Ein Deutscher Schäferhund würde sich mit diesem Betragen um alle Chancen bringen. Als Dienst- und Gebrauchshund hat er pflichtbewußt, konzentriert und würdevoll aufzutreten, wie sein Gebieter. Bedingungsloser Gehorsam versteht sich von selbst.

Aber auch er kann, so ihm danach ist, unmerklich Boykott ausüben. Während wir kleinen Hunde beim Lauf durch den Ring Nervosität und Fahrigkeit an den Tag legen, gibt er sich lasch. Das hat zwar keinen direkten Punktabzug zur Folge, sorgt aber für eine negative Hinstimmung.

Besonders beim Abtasten: Plato oder wie er heißen mag (nach Möglichkeit mit o am Ende) hängt durch. Apathisch läßt er sein makelloses Gebiß kontrollieren. Die kräftigen Läufe fassen sich irgendwie schlaff an. Die Rippen scheinen wie weiche Plastikstäbe nachzugeben. Und die fülligen Hoden wirken kraftlos. Demnach ein Hund, der keinen Siegeswillen signalisiert. Schlimmer noch, ein Looser-Typ. Zumindest für diesen Tag.

Bei mir liegt die Sache anders. Ich muß mich beim Abtasten angstvoll versteifen. (Ein Hund, der auf Wettbewerben eigentlich nichts zu suchen hat.) Und wenn es an die Zähne geht, lasse ich nervösen Speichel, was mein kleines Maul hergibt.

Auch das hat keinen Einfluß auf die Wertung. Aber es kostet Plätze. Selbst dann, wenn meine Besitzerin am Abend vorher mit dem Zuchtrichter im Zwei-Sterne-Restaurant getafelt hat.

Wie ich schon sagte, ein Hund, der nicht Champion werden will, wird auch keiner. Und weil der Mensch unfähig ist, das zu erkennen (wir hatten halt nicht unseren besten Tag), sucht er die Gründe im äußeren Erscheinungsbild.

Also bekommt der West Highland White Terrier noch mehr Kreide ins Fell, auf daß er weiß erscheine wie nach einem Kochwaschgang. Beim Airedale Terrier werden die Läufe noch sorgfältiger eingebräunt, zwecks farblicher Übereinstimmung mit der übrigen Behaarung.

Die Hochfrisur auf der Kruppe des Bobtail wird noch ein wenig höher angelegt. Denn der Rücken soll, wie bei zeitgemäßen Sportwagen, den Widerrist leicht überragen. Und meine Yorkshire- und Malteserkollegen müssen noch länger mit eingeöltem Fell und Lockenwicklern ausharren.

Selbst bei Rüden, die dem Zuchtrichter nur einen Hoden darreichen können, weiß der Mensch Rat. Das andere Exemplar wird, weil es sich in den Unterbauch zurückgezogen hat, mittels Chirurgenzange hervorgeholt und für die Dauer des Wettbewerbs mit einem fellfarbenen Band oder Faden fixiert.

In manchen Ländern ist man dazu übergegangen, den Hund der Einfachheit halber mit neuen Hoden aus naturechtem Kunststoff nachzurüsten. Obwohl für die Betroffenen angenehmer – weil's nicht so zwickt –, kann diese Methode zu Problemen führen: Mitunter drängt sich das verdeckte Bällchen keck zu den beiden anderen, weshalb sich der Zuchtrichter plötzlich einem dreihodigen Rüden gegenübersieht.

Trotzdem, Wettbewerbe haben auch ihr Gutes. Unsere Besitzer sind aufmerksamer, rücksichtsvoller und toleranter. In den Hotels können wir das

Personal und die Gäste ärgern. Und wir lernen ständig neue Kollegen kennen, wenn auch meistens aus der Distanz.

Vor allem aber kommen wir raus aus dem Einerlei der ewig gleichen Wohnungen und Gärten. Aus dem Trott der Spaziergänge auf die ewig gleichen Wiesen, die schon tausendfach markiert sind.

Und wir haben Pause von den menschlichen Kindern, diesen kleinen Monstern, zu denen wir immer nett und nachsichtig sein müssen. (Zum Glück sind viele Besitzer von Rassehunden kinderlos. Oder so alt, das der Nachwuchs bereits das Haus verlassen hat.)

Ich habe mich oft gefragt, ob ich als Mischlingshündin (eine Papillon-Zwergspitz-Verbindung wäre sicherlich von Reiz) nicht glücklicher leben würde. Aber spätestens, wenn meine Besitzerin die große Tasche mit den Wettbewerbs-Utensilien hervorholt, lautet die Antwort nein.

So, wie es die Menschen immer wieder zu überlaufenen Ferienorten zieht, drängt es uns Rassehunde zu den Ausstellungen. Zwar hassen wir die hektische Geschäftigkeit. Wir ärgern uns über die Unfähigkeit der Organisatoren und Zuchtrichter. Und ängstigen uns vor den riesigen, drohenden Hundefutterdosen, die zwecks Reklame von der hohen Decke baumeln.

Doch bliebe uns dieser Rummel erspart, würde er uns fehlen: Alexa della Scabbiosa, diese Mailänder Hochnase mit den dreifach toupierten Fransen, hat in Dortmund den Ersten gemacht. Und ich war nicht dabei.

Außerdem: Der Mischling wird vom Menschen vereinnahmt. Ein Hund für den Hausgebrauch, der sich von der Spülmaschine nur dadurch unterscheidet, daß er Futter braucht – statt Strom und Wasser.

Zum Rassehund aber, wie umgänglich er auch sein mag, hält der Mensch immer eine Distanz. Mehr noch, er blickt zu uns auf, obwohl wir uns räumlich unter ihm befinden.

Wie anders ist zum Beispiel sein Bemühen zu erklären, uns Namen von Helden oder großen Persönlichkeiten der Menschheitsgeschichte zu geben: Hannibal, Orson Wells, Evita, Darius, Elton John, Lady Eve usw.

Bisweilen geht die Verehrung so weit, daß er kunstvolle Porträtfotos von uns anfertigen läßt, um damit seinen Wohn- oder Arbeitsraum zu schmücken. Im güldenen Stuckrahmen, versteht sich. Ich bin sicher, in Deutschlands Büros hängen mehr Rassehunde als Bundeskanzler.

Insofern sind die Fotos in diesem Buch (meine Rasse ist auf Seite 17 vertreten) ein reines Entgegenkommen unsererseits. Aber wir waren auch gern dazu bereit. Denn der Mensch ist wie ein Championat: Bliebe er uns erspart, würde er uns fehlen.

Suse von der Klarermühle

Ihre Gedanken wurden zusammengetragen, geordnet und niedergeschrieben von Reinhard Siemes.

West Highland White Terrier

Dogue de Bordeaux

Yorkshire Terrier

Skye Terrier

Deerhound

Leonberger

American Staffordshire Terrier   16

Papillon

Dobermann

Tatrahund

Saarloos Wolfhound

Dogo Argentino

Welsh Corgi Pembroke

Dobermann

Dalmatiner

Afghan Hound

Deutsche Dogge

Chinesischer Schopfhund

Shih-Tzu

Irish Terrier

Berger de Brie

Yorkshire Terrier

Silky Terrier

Chihuahua Kurzhaar

40

Xoloitzcuintle (Mex. Nackthund)

Deutscher Schäferhund

Epagneul Breton

Bayerischer Gebirgsschweißhund

Magyar Vizsla kurzhaar

Deutscher kurzhaariger Vorstehhund

Bearded Collie

Podenco Ibicenco

Bedlington Terrier

Italienisches Windspiel

English Setter

Mastino Napoletano

Toy-Pudel (links) – **Dt. Zwergspitz** (rechts)

Mastino Napoletano

Labrador Retriever

Fila Brasileiro

Basset Griffon Vendéen

Zwergpudel

Malteser

Azawakh

Borzoi

Staffordshire Bullterrier

Kromfohrländer

Hokkaido-Ken

Landseer

Montagne des Pyrenées

Wolfspitz

Irish Wolfhound

Bloodhound

Deutscher Mittelspitz

Zwergschnauzer

Teckel rauhhaar

Griffon Korthals

Weimaraner

Pointer

Pointer

Shar-Pei

Folgenden Personen und Institutionen danke ich für ihre
freundliche Unterstützung und Kooperation:

Herrn Bernhard Meyer, Hauptgeschäftsführer VDH

Herrn Dr. Wilfried Peper

Frau Hassi Assenmacher

Herrn Guy Spielberger, Firma Unisabi, France

Herrn Jean Pierre Helleu, Coorganisateur Game Fair Francais

Alle Fotos wurden auf Agfa Brovira Baryt Papier vergrößert.

Fotografiert wurde mit einer Rolleiflex GX.

Gestaltung
Ingo Wulff

Lithografie
Litho- und Scannertechnik GmbH

Herstellung
Nieswand Druck GmbH
Satz
Angelika Masuth
Druckformen
Oliver Grabowsky
Druck
Jörg Göde
Manner Masuth
Mirco Zwick

Bindung
Gehring

Schrift
Gill Sans roman + italic
Gill Sans bold + bold italic

Papier
Niklaplus 1,3 150 g/qm

Printed in Germany
ISBN-3-926048-49-2